Booyyee Xixiqqoo Sadan
The Three Little Pigs
(Afaan Oromo)

Copyright © 2017 Kiazpora
All rights reserved. This publication may not be reproduced, transmitted, or stored in whole or in part by any means, including graphic, electronic, or mechanical without the express written permission from the copyright owners.

Learn about additional and related products by visiting at www.kiazpora.com

Bara durii booyyee sadii turan. Sadan isaanii mana mataa isaanii ijaarrachuu fedhan.

Booyyeen inni tokko
mana isaa dhallaadduun ijaarrachuu
filatee "ammaan booda jeedalli
qabattee ana hin nyaattu" jedhe.

Booyyee inni lammaffaan mana isaa dhallaadduu irra kan jabaatuun dagaleen ijaarrachuu filatee akkas jedhe
"ammaan booda jeedalli qabattee ana hin nyaattu"

8

Booyyeen inni sadaffaa ammoo
kan mana isa lammataa
irra akka jabaatutti
xuubii irraa ijarachuu filate, ...

10

... yeroo dheera itti fudhatus, mana jabaa ijaarratee akkas jedhe "amma jeedalli qabattee ana hin nyaattu".

Gaafa lammaffaa jeedalli gara mana dhallaadduutti dhufte, ilmoon booyyee ishee jalqabaa yommuu argitu gara mana isheetti fiigdee sentee cufatte.

14

Jeedallis balbala rukutuu dhaan "booyyee xiqqo mee kottu nabira" jedheen.

"Ani sibira hin dhufu" jetteen booyyee xiqqeen.

18

"Ani afuufeen mana kee kana afuura qilleensaan jigsa" jetten jedalli.

Jeedallis mana booyyee isa jalqabaa dhallaadduun ijaarame irra deddeebi'ee afuufee jigse.

Booyyeen jalqabaas baatee gara mana booyyee lammaffaatti baqatte.

23

Jeedallis akka
malee aarudhaan gara
mana isa muka ...

... irraa ijaarameetti dhufee balbala rukutuudhaan "booyyewwaan xixiqqo, booyyewwan xixiqqo mee ol na seensisaa" jedhe.

Booyyee xixiqqoon ni sodaatan "Nuti ol si hin seensifnu " jedheen booyyeen inni lammaffaa.

Jeedallis "ani afuuraan afuufeen mana keessan balleessa" jedheen.

Jeedallis irra deeddeebi'ee afuufuudhaan mana isa muka irraa ijaarame jigse.

Booyyoon lamaanuu gara mana boyyee isa sadaffaatti baqatan.

... irraa ijaarameetti dhufee balbala rukutuudhaan "booyyewwan xixiqqo, booyyewwan xixiqqo mee ol na seensisaa" jedhe.

"Nuti ol si hin seensifnu" jedheen booyyeen inni sadaffaa. Sana booda Jeedallis "afuufee, dhiibeen mana kana keessaa si baasa" jedhe.

38

Jeedallis afuufuu fi dhiibuutti ka'e. Garuu jigsuu hin dandeenye akka salphatti.

41

Innis irra dedebi'ee
yaluudhaan jigsuu hin dandeenye.

42

Jeedallis "booyyee xixiqqo, ani amman dhufee isin nyaadha. Karaa aarri bahu ol yaabeen gadi isinitti dhufa."

43

Booyyee xixiqqoon ni sodaatan.
Booyyeen inni
sadaffaa garuu bishaan ibidda
irra kaa'ee danfise.

Jeedallis karaa qaawwa aarri bahu keessaan gadi isaanitti deemuu jalqabe. Jeedallis bishaan xuwwee guutuu danfaa jiru keessatti kufee facaase.

Jeedalli qaama isaa gubatee
achii fiigee bade.
Sun xumura jeedalaa tahe.

Booyyee Xixiqqoo Sadan
The Three Little Pigs

This book belongs to:

www.ingramcontent.com/pod-product-compliance
Lightning Source LLC
Chambersburg PA
CBHW041959080526
44588CB00021B/2810